JN425173

Von: ....

Für: ....

Es ist und bleibt ein Glück,
vielleicht das Höchste,
frei atmen zu können.

THEODOR FONTANE

Die *Natur* ist immer neu,
wenn das Auge *frisch* bleibt.

MAX VON EYTH

*Alles ist im Keim enthalten,
alles Wachstum ein Entfalten.*

FRIEDRICH RÜCKERT

Es ist doch erstaunlich,
was ein einziger *Sonnenstrahl*
mit der *Seele* des Menschen
machen kann.

FJODOR M. DOSTOJEWSKI

Erdbeerkuchen vom Blech

**250 g zimmerwarme Butter · 340 g Zucker
2 Pck. Vanillezucker · 6 Eier · 350 g Mehl · 1 Pck. Backpulver
250 g Quark · 500 g Mascarpone · Saft von 1 Zitrone
ca. 1,5 kg Erdbeeren · 2 Pck. Tortenguss**

Den Ofen auf 175 °C (Umluft 155 °C) vorheizen,
ein Backblech mit hohem Rand einfetten.
Butter mit 200 g Zucker und dem Vanillezucker schaumig rühren,
Eier nach und nach hinzufügen, zuletzt Mehl und Backpulver einarbeiten.
Den Teig gleichmäßig auf dem Blech verteilen.
In ca. 30 Minuten hell backen (Stäbchenprobe machen). Abkühlen lassen.
Quark mit Mascarpone, 100 g Zucker und Zitronensaft verrühren
und die Creme auf den Teigboden streichen. Erdbeeren putzen, halbieren
und mit der Schnittseite nach unten dicht auf die Creme legen.
Tortenguss nach Packungsanleitung mit insgesamt 40 g Zucker
zubereiten und auf dem Kuchen verteilen.
Vor dem Servieren mindestens 1 Stunde kalt stellen.

Je größer aber ein *Mensch* ist,
desto mehr neigt er dazu,
vor einer *Blume* niederzuknien.

GILBERT KEITH CHESTERTON

Jeder *Baum*, jede Hecke
ist ein Strauß von *Blüten*
und man möchte
zum Maienkäfer werden,
um in dem *Meer* von
Wohlgerüchen herumschweben
und alle seine Nahrung
finden zu können.

JOHANN WOLFGANG VON GOETHE

Sei, was du bist!
Deine wahre Natur ist Kraft.

VIVEKANANDA

Aufgabe des Lebens,

seine Bestimmung, ist Freude.
Freue dich über den Himmel,
über die Sonne, über die Sterne,
über Gras und Bäume,
über die Tiere
und die Menschen.

LEO TOLSTOI

*Gehe vertrauensvoll
in die Richtung deiner Träume!*
Führe das Leben,
das du dir vorgestellt hast.
Wenn du dein Leben vereinfachst,
werden auch die Gesetze
des Lebens einfacher.

HENRY DAVID THOREAU

Vergiss nicht:
Man benötigt nur wenig,
um ein glückliches Leben
zu führen.

MARK AUREL

*Die Natur
ist ein unerschöpflicher Brunnen
des Neuen, worinnen man beständig
zu schöpfen findet.*

JOHANN JAKOB BREITINGER

Die *Natur* ist die große Ruhe
gegenüber unserer Beweglichkeit.
Darum wird sie der *Mensch* immer mehr lieben,
je feiner und beweglicher er werden wird.
Sie gibt ihm die großen Züge,
die weiten *Perspektiven*
und zugleich das Bild einer
bei aller unermüdlichen Entwicklung
erhabenen *Gelassenheit.*

CHRISTIAN MORGENSTERN

Vom Tiere und von der Pflanze
müssen wir lernen, was Blühen ist.

FRIEDRICH NIETZSCHE

Nur die Ruhe in uns selbst
lässt uns sorglos
zu neuen Ufern treiben.

ADALBERT STIFTER

Schwing dich aus allem heraus,
was dich beengt.

BETTINA VON ARNIM

Glück und Freude

müssen wir in uns,
nicht außer uns suchen;
die Außenwelt ist nur ein Spiegel,
der unser eigenes Antlitz widerstrahlt.

EMMY VON ROTHENFELS

Das Glück ist ein Mosaikbild,
das aus lauter unscheinbaren kleinen Freuden
zusammengesetzt ist.

DANIEL SPITZER

Der große *Reichtum* unseres Lebens
sind die kleinen *Sonnenstrahlen,*
die jeden Tag auf unseren Weg fallen.

HANS CHRISTIAN ANDERSEN

Nimm dir jeden Tag die Zeit,
still zu sitzen und auf die Dinge zu lauschen.
Achte auf die Melodie des Lebens,
welche in dir schwingt.

SIDDHARTHA GAUTAMA BUDDHA

Vertraue auf dein Glück und du ziehst es herbei.

LUCIUS ANNAEUS SENECA

In diesem Augenblick
bin ich dermaßen glücklich,
dass meine einzige Beschäftigung
darin besteht zu leben.

HONORÉ DE BALZAC

Manchem glückt es,
überall ein Idyll zu finden;
und wenn er's nicht findet,
so schafft er's sich.

THEODOR FONTANE

Blumen sind die schönen Worte
und Hieroglyphen der *Natur,*
mit denen sie uns andeutet,
wie lieb sie uns hat.

JOHANN WOLFGANG VON GOETHE

Es gibt nichts Schöneres
als die Lieblichkeit der Wälder,
bevor die Sonne aufgeht.

GEORGE CARVER

Man muss sein Glück teilen,
um es zu multiplizieren.

MARIE VON EBNER-ESCHENBACH

Der Unterschied
zwischen Landschaft
und Landschaft ist klein,
doch groß
ist der Unterschied
zwischen den Betrachtern.

RALPH WALDO EMERSON

Die Kraft, *Schönheit* in
den einfachsten Dingen zu finden,
macht das *Zuhause* glücklich
und das *Leben* liebenswert.

LOUISA MAY ALCOTT

Glück,

das ist in beiden Händen Blumen halten.

AUS JAPAN

Gönne dir
einen Augenblick der Ruhe
und du begreifst,
wie närrisch
du herumgehastet bist.

LAOTSE

Wer die
Kostbarkeit
des Augenblicks
entdeckt,
findet das Glück
des Alltags.

ADALBERT STIFTER

Lasst uns *dankbar* sein
gegenüber Menschen,
die uns *glücklich* machen.
Sie sind die liebenswerten Gärtner,
die unsere *Seele*
zum Blühen bringen.

MARCEL PROUST

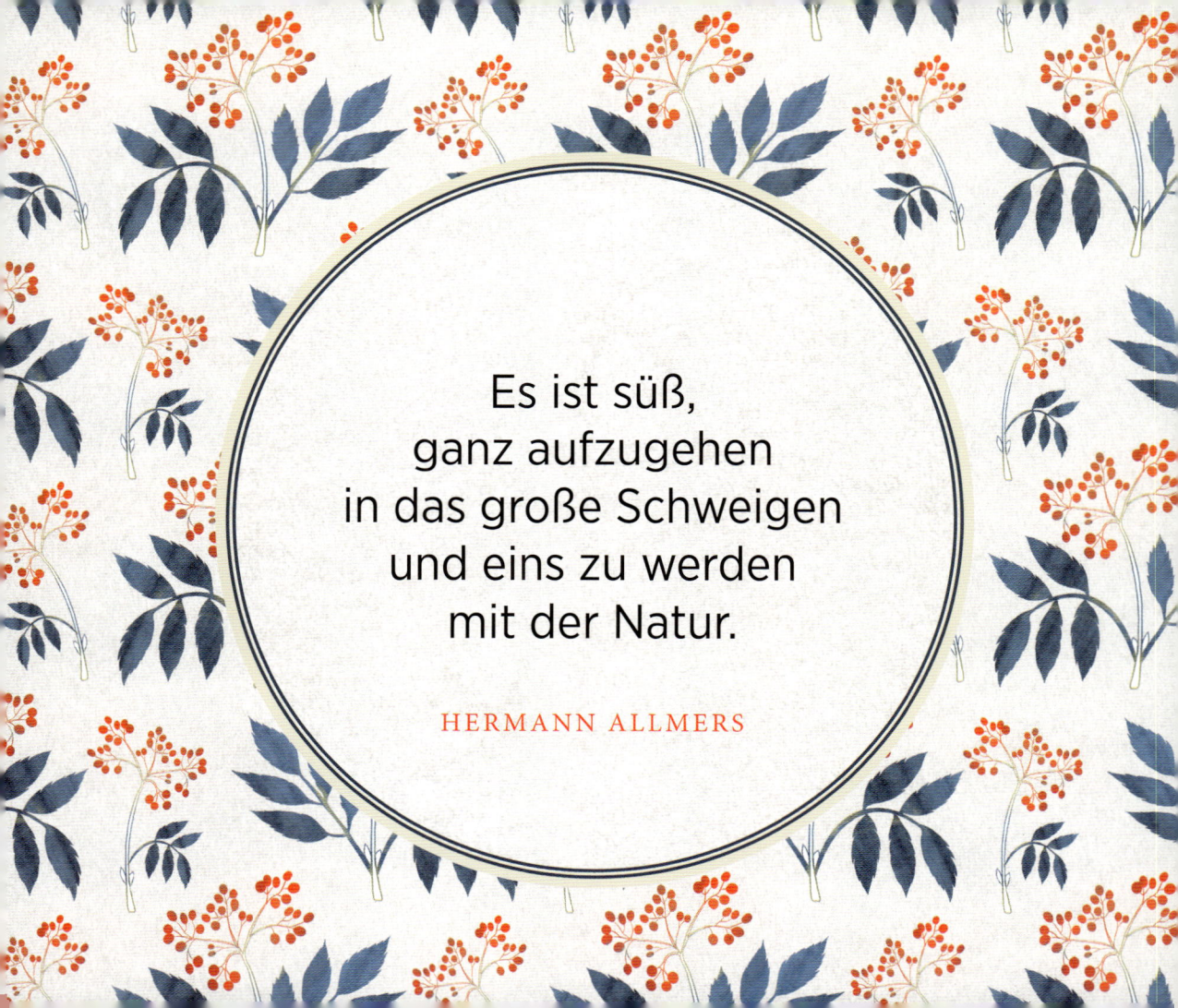

Es ist süß,
ganz aufzugehen
in das große Schweigen
und eins zu werden
mit der Natur.

HERMANN ALLMERS

Die Zeit ist für den Menschen da,
nicht der Mensch für die Zeit.

JOHANN GOTTFRIED SEUME

Die Welt
ist voll alltäglicher
Wunder.

MARTIN LUTHER

Ich habe
Natur und Kunst
und Poesie, und
wenn das nicht genug ist,
was ist dann genug.

VINCENT VAN GOGH

Die Natur
hat niemals das Herz verraten,
das sie geliebt hat.

WILLIAM WORDSWORTH

Was spricht, hat Leben –
und die ganze Natur,
sie spricht zu uns.

LUISE BAER

Es wird Zeit,
dass ihr das Leben lebt,
wie ihr es euch erträumt habt.

HENRY JAMES

Das beste Mittel,
jeden Tag gut zu beginnen,
ist, beim Erwachen daran zu denken,
ob man nicht wenigstens einem Menschen
an diesem Tag eine Freude machen könne.

FRIEDRICH NIETZSCHE

Das *Glück* der Menschen
liegt nicht in Geld und Gut,
sondern es liegt in einem *Herzen,*
das eine wahrhafte Liebe
und *Zufriedenheit* hat.

ADOLPH KOLPING

Achte auf das Kleine
in der Welt,
das macht das Leben
reicher und zufriedener.

CARL HILTY

Blicke in die schöne Natur
und beruhige dein Gemüt.

LUDWIG VAN BEETHOVEN

Dann und wann ist es gut,
in unserem Streben
nach Glück zu pausieren
und einfach glücklich zu sein.

GUILLAUME APOLLINAIRE

Es liegt eine wunderbare
Heilkraft in der *Natur*.
Oft gibt der Anblick
eines schönen Abendhimmels,
der *Duft* einer Blume
der bedrückten Seele
Hoffnung und *Lebensmut* zurück.

SOPHIE ALBERTI

Leben allein genügt nicht,
sagte der Schmetterling.
Sonnenschein, Freiheit und
eine kleine Blume
muss man auch haben.

HANS CHRISTIAN ANDERSEN

Wie doch Freude und Glück
einen Menschen schön machen!

FJODOR M. DOSTOJEWSKI

Wir können jederzeit
die wirkliche Schönheit einer
wirklichen Landschaft verdoppeln,
wenn wir sie durch
halbgeschlossene Lider betrachten.

EDGAR ALLAN POE

Die Sonne
blickt mit hellem Schein
so freundlich in die Welt hinein.
Mach's ebenso!
Sei heiter und froh!

JOHANN GOTTFRIED HERDER

Wir lagen
auf der Wiese
und baumelten
mit der Seele.

KURT TUCHOLSKY

Kartoffelsalat

750 g etwa gleich große festkochende Kartoffeln
1 TL Salz + etwas für das Salzwasser · 250 g Feldsalat
2 mittelgroße weiße Zwiebeln · 3 EL Weißweinessig · 1 EL Zucker
½ TL frisch gemahlener Pfeffer · 6 EL Sonnenblumenöl

Die Kartoffeln waschen, schälen
und in Salzwasser nicht zu weich kochen.

Anschließend abgießen und etwas abkühlen lassen,
dann in Würfel schneiden. Den Salat waschen und putzen.
Die Zwiebel schälen und fein würfeln.
Für das Dressing den Essig mit 2 EL Wasser sowie Zucker, Salz,
Pfeffer und Öl gründlich verrühren. Kartoffeln mit dem Salat
und den Zwiebeln mischen und das Dressing darübergeben.
Gut durchmischen und 1 Stunde ziehen lassen.

Erneut abschmecken und servieren.

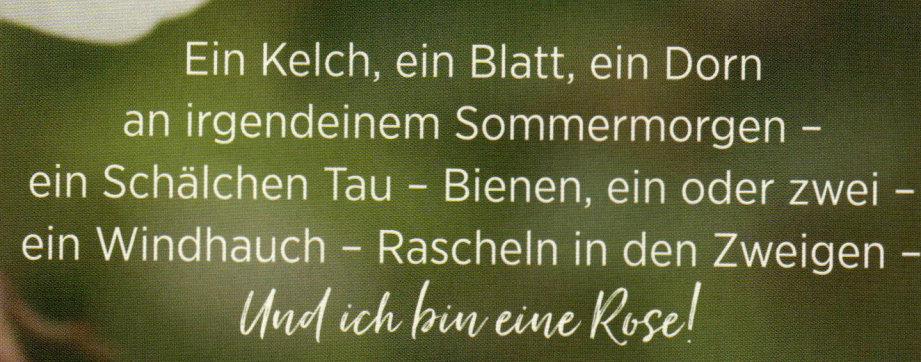

Ein Kelch, ein Blatt, ein Dorn
an irgendeinem Sommermorgen –
ein Schälchen Tau – Bienen, ein oder zwei –
ein Windhauch – Rascheln in den Zweigen –
Und ich bin eine Rose!

EMILY DICKINSON

Wie herrlich ist es,
nichts zu tun
und dann vom Nichtstun
auszuruhen.

HEINRICH ZILLE

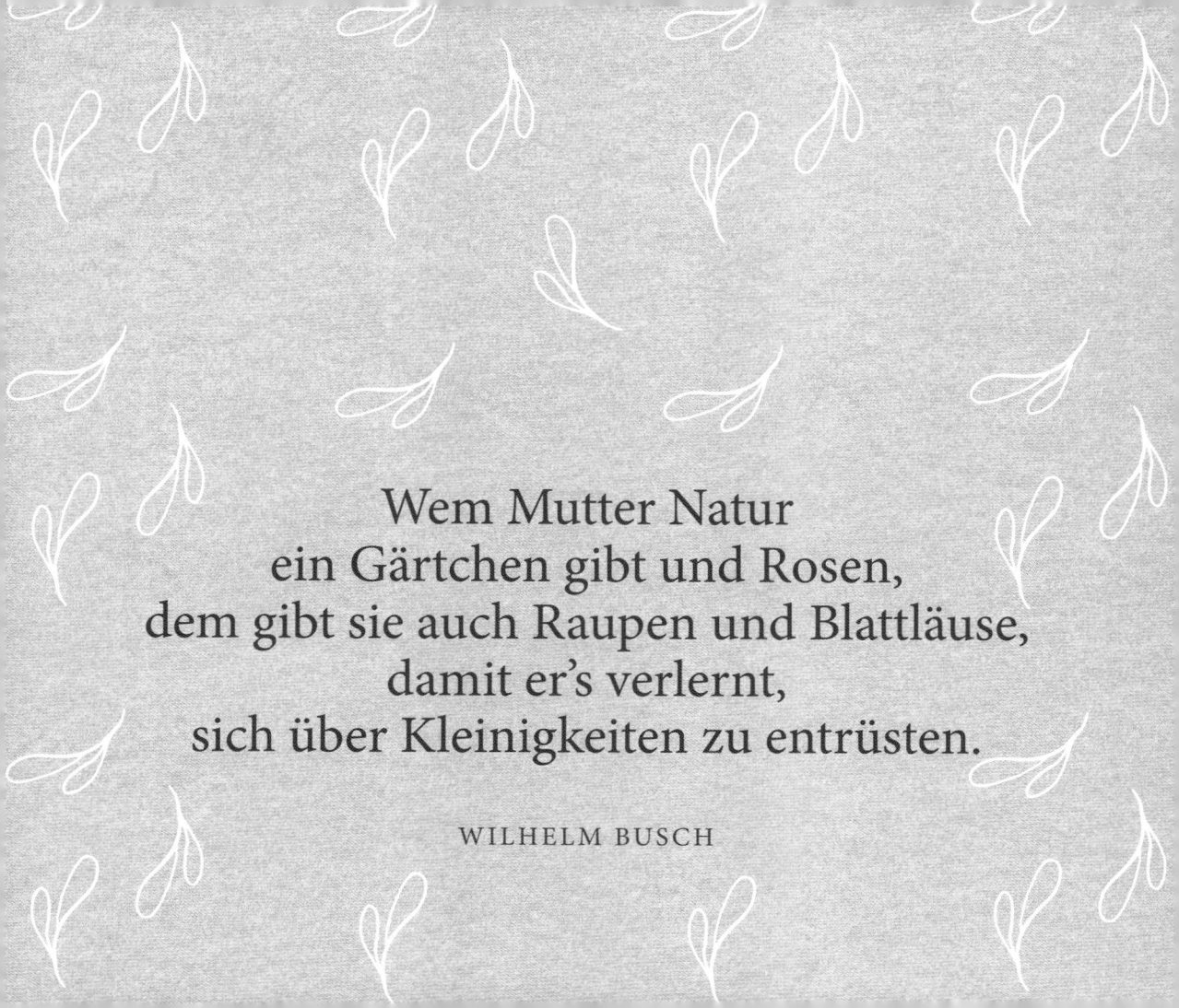

Wem Mutter Natur
ein Gärtchen gibt und Rosen,
dem gibt sie auch Raupen und Blattläuse,
damit er's verlernt,
sich über Kleinigkeiten zu entrüsten.

WILHELM BUSCH

Können wir nicht so viele *Blumen*
mit verständiger und sorglicher Hand
in unser *Leben* hineinpflanzen,
dass einige immerdar *blühen*?

LUDWIG TIECK

Man kann
auf falschem Wege sein
und doch zu den
herrlichsten Aussichtspunkten
gelangen.

MARIE VON EBNER-ESCHENBACH

Es gilt nichts Angenehmeres
im Garten als einen schönen, schattigen Platz.
Gärten ohne Schatten sind leer.

BATTY LANGLEY

Der höchste Genuss
besteht in der Zufriedenheit
mit sich selbst.

JEAN-JACQUES ROUSSEAU

Die eigentlichen Entdeckungsreisen bestehen
nicht im *Kennenlernen* neuer Landstriche,
sondern darin, etwas mit anderen *Augen* zu sehen.

MARCEL PROUST

Blumen
sind die Liebesgedanken
der Natur.

BETTINA VON ARNIM

Schön ist es,
miteinander zu schweigen,
schöner –
miteinander zu lachen.

FRIEDRICH NIETZSCHE

Kinder, Tiere, Pflanzen,
da liegt die Welt noch im Ganzen.

CHRISTIAN MORGENSTERN

Blumen
sind das Lächeln der Erde.

RALPH WALDO EMERSON

Ein Herz,
das jeder Freude offen steht,
findet überall Vertrauen.

AUGUST VON KOTZEBUE

Ein Herz sein eigen nennen,

alles sagen können in der Gewissheit,
verstanden zu werden, ist das nicht Glück?

HONORÉ DE BALZAC

Der Garten
ist das Spiegelbild
unserer Träume,
Wünsche und Sehnsüchte.

MARLENE BURGER

Glück ist ein Wunderding.
Je mehr man gibt,
desto mehr hat man.

MADAME DE STAËL

Es scheint mir,
dass man von Ort
und Landschaft
abhängt in Stimmung,
Leidenschaft, Geschmack,
Gefühl und Geist.

JEAN DE LA BRUYÈRE

Willst du immer weiter schweifen?
Sieh, das Gute liegt so nah.
Lerne nur das Glück ergreifen,
denn das Glück ist immer da.

JOHANN WOLFGANG VON GOETHE

Bäume
sind Gedichte,
die die Erde
in den Himmel schreibt.

KHALIL GIBRAN

Wenn du vergnügt sein willst,
umgib dich mit Freunden.
Wenn du glücklich sein willst,
umgib dich mit Blumen.

AUS JAPAN

Keine Pflicht wird so sehr vernachlässigt wie die Pflicht, einfach glücklich und zufrieden zu sein.

ROBERT LOUIS STEVENSON

Vollständige *Sorglosigkeit*
und eine unerschütterliche
Zuversicht sind das Wesentliche
eines glücklichen Lebens.

LUCIUS ANNAEUS SENECA

Glücklich ist,
wer noch mit dem Auge
der Sehnsucht sieht.

ROBERT HAMERLING

Glück ist ein *Schmetterling,*
der sich unserem Griff entzieht,
wenn man ihn jagt,
der sich aber auf uns niederlässt,
wenn wir ganz still dasitzen.

NATHANIEL HAWTHORNE

Blumen

machen die Menschen immer besser,
glücklicher und hilfsbereiter;
sie sind Sonnenschein,
Nahrung und Medizin für die Seele.

LUTHER BURBANK

Heute
bin ich so glücklich.
Was für ein Tag –
keine Wolke am Himmel.

CHARLES BAUDELAIRE

Wenn man die Natur wahrhaft liebt,
so findet man es überall schön.

VINCENT VAN GOGH

Wenn ich im Obstgarten spaziere,
sehe ich ihn schon als Konfitüre.

STANISLAW JERZY LEC

Glücklich sein

ist wie eine herrliche Süßspeise.
Möge dir das Leben mehr davon geben,
als du je aufessen kannst.

IRISCHER SEGENSWUNSCH

Farben sind das Lächeln der Natur und Blumen sind ihr Lachen.

JAMES HENRY LEIGH HUNT

In jedem Menschen
ist Sonne –
man muss sie nur
zum Leuchten bringen.

SOKRATES

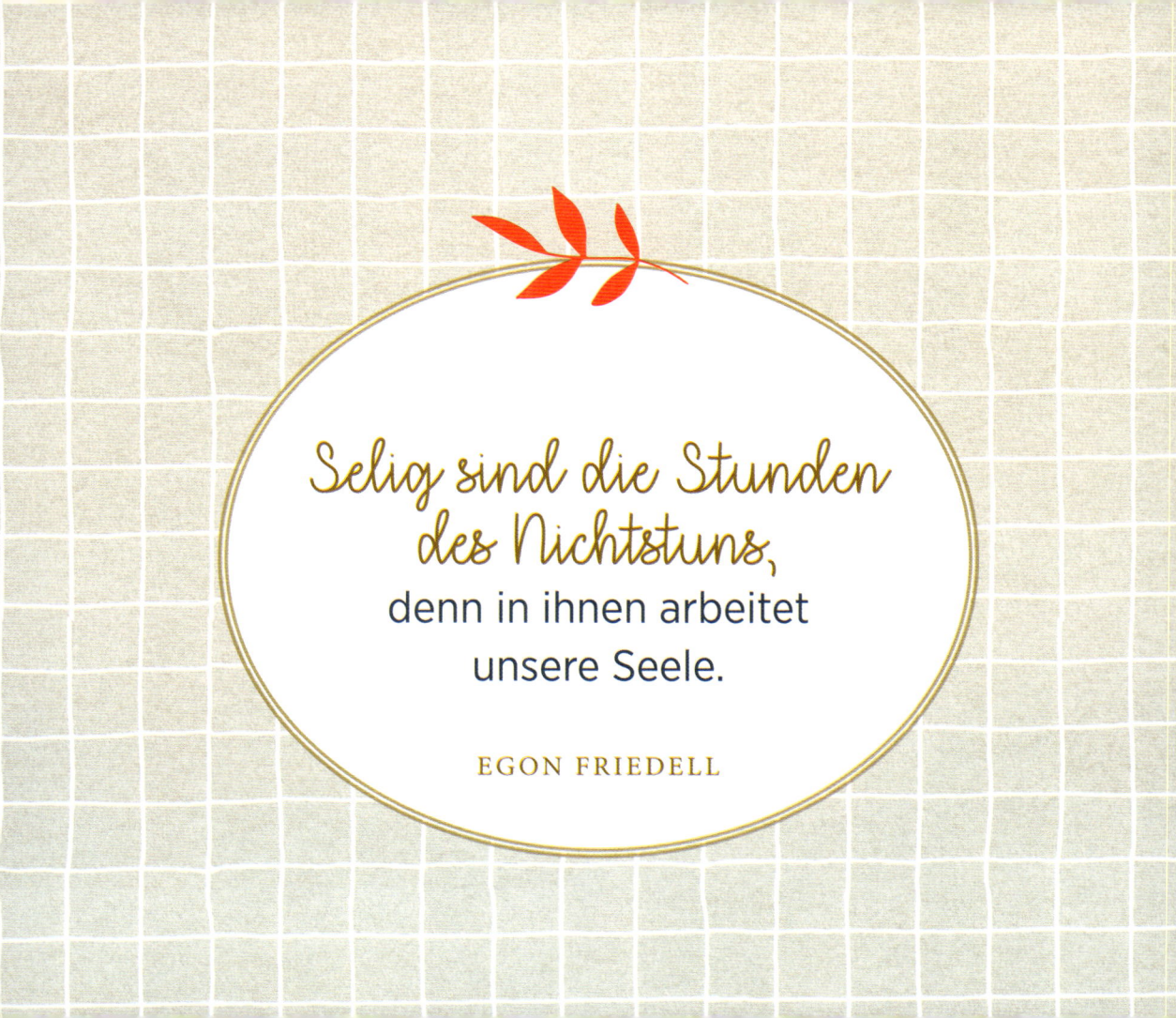

Selig sind die Stunden
des Nichtstuns,
denn in ihnen arbeitet
unsere Seele.

EGON FRIEDELL

Freude ist das Leben

durch einen Sonnenstrahl gesehen.

CARMEN SYLVA

Im *Garten* wächst mehr,
als man ausgesät hat.

AUS ENGLAND

Gelassenheit
ist die angenehmste Form
des Selbstbewusstseins.

MARIE VON EBNER-ESCHENBACH

Hast du einen Garten und eine Bibliothek,
dann hast du alles, was du brauchst.

MARCUS TULLIUS CICERO

Ruhe, Stille,
Sofa und eine Tasse Tee
gehen über alles.

THEODOR FONTANE

In einem dankbaren Herzen
herrscht ewiger Sommer.

CELIA THAXTER

Pflaumenkuchen

**375 g Mehl · 1 Prise Salz · 30 ml zimmerwarme Milch
75 g zimmerwarme Butter + 50 g zerlassene Butter
70 g Zucker · Abrieb von 1 Bio-Zitrone · 20 g Frischhefe
2 Eier · ca. 1,5 kg Pflaumen · ggf. Zwiebackbrösel
Zucker oder Zimtzucker zum Bestreuen**

Den Ofen auf 220 °C (Umluft 200 °C) vorheizen, ein Backblech einfetten.
Das Mehl in eine große Schüssel sieben. Salz, zimmerwarme Milch und Butter,
Zucker und Zitronenschale hinzufügen und die Hefe darüberbröseln.
Am Schluss die Eier zugeben. Alles erst langsam, dann auf höchster Stufe
zu einem glatten Teig verkneten und diesen zugedeckt bei Zimmertemperatur
ca. 1 Stunde gehen lassen. Den gegangenen Teig auf dem Blech ausrollen und
noch einmal 10 Minuten gehen lassen. Die Pflaumen halbieren und entsteinen.
Den Teig mit der zerlassenen Butter bestreichen. Bei sehr feuchtem Obst
mit Zwiebackbröseln bestreuen. Dann die Pflaumen schuppenförmig
auf den Teig legen. Ca. 45 Minuten backen und noch heiß
mit Zucker oder Zimtzucker bestreuen.

*Mögest du alle Tage
deines Lebens leben.*

JONATHAN SWIFT

Die Natur
ist ein sehr gutes
Beruhigungsmittel.

ANTON TSCHECHOW

Begeistere dich für das Leben.

Das bloße Gefühl zu leben ist Freude genug.

EMILY DICKINSON

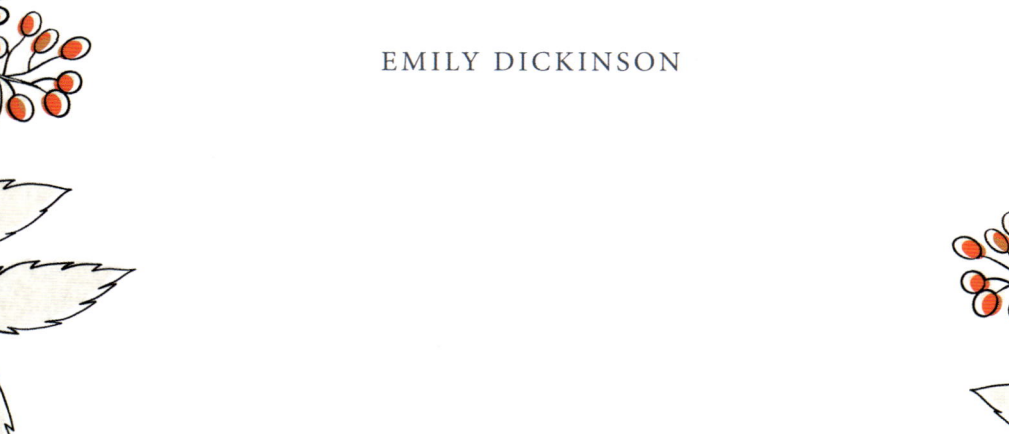

Man sollte Anteil nehmen
an der Freude, der Schönheit,
der Farbigkeit des Lebens.

OSCAR WILDE

Ruhe ist Glück –
wenn sie ein Ausruhen ist.

LUDWIG BÖRNE

Mögest du immer einen Blick
für das *Sonnenlicht* haben,
das sich in deinen Fenstern spiegelt,
und nicht für den Staub,
der auf den Scheiben liegt.

IRISCHER SEGENSWUNSCH

Die Schönheit der Welt
ist für den ruhigen Genuss
geschaffen.

JOHANN GOTTFRIED HERDER

Den Wind kann man nicht verbieten.
Aber man kann Mühlen bauen.

AUS DEN NIEDERLANDEN

Kehr in dich still zurück,
ruh in dir selber aus,
so fühlst du höchstes Glück.

FRIEDRICH RÜCKERT

Wer langsam schlendert,
sieht am meisten von der Landschaft.

AUS ENGLAND

Denn man ist glücklich,
wenn man mit sich selbst,
seinem *Herzen* und
seinem Gewissen zufrieden ist.

AUGUST STRINDBERG

Genießen heißt fröhlich sein –
mit sich selbst und anderen.

JOHANN WOLFGANG VON GOETHE

Was machen Sie?
Nichts. Ich lasse das Leben
auf mich regnen.

RAHEL VARNHAGEN VON ENSE

Uns gehört nur die Stunde.
Und eine Stunde,
wenn sie glücklich ist,
ist viel.

THEODOR FONTANE

Mancher rennt
dem *Glück* nach
und weiß nicht,
dass er es zu *Hause* hat.

ADOLPH KOLPING

Das Glück

muss entlang der Straße gefunden werden,
nicht am Ende des Weges.

DAVID DUNN

In den kleinsten Dingen
zeigt die Natur die allergrößten Wunder.

CARL VON LINNÉ

Das meiste haben wir
gewöhnlich in der Zeit getan,
in der wir meinten,
nichts getan zu haben.

MARIE VON EBNER-ESCHENBACH

Wir können
erst *glücklich* sein,
wenn wir gelernt haben,
über uns selbst zu *lachen*.

DOROTHY DIX

Übereilung tut nicht gut.
Bedachtsamkeit macht alle Dinge besser.

FRIEDRICH VON SCHILLER

Es gibt keinen Weg zum *Glück*.
Glücklich sein ist der Weg.

SIDDHARTHA GAUTAMA BUDDHA

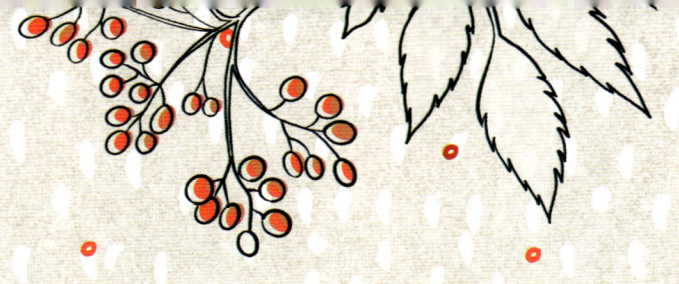

Die meisten Menschen wissen gar nicht,
wie schön die Welt ist und wie viel Pracht
in den kleinsten Dingen,
in einer Blume, einem Stein, einer Baumrinde
oder einem Birkenblatt sich offenbart.

RAINER MARIA RILKE

Das Glück ist nicht
in einem ewig lachenden Himmel
zu suchen, sondern
in ganz feinen Kleinigkeiten,
aus denen wir
unser Leben zurechtzimmern.

CARMEN SYLVA

Das Glück des Lebens

setzt sich aus winzigen Kleinigkeiten zusammen –
den kleinen, bald vergessenen Wohltaten eines Kusses
oder Lächelns, eines freundlichen Blicks,
eines von Herzen kommenden Kompliments –
zahllosen, unendlich kleinen Dosen angenehmer
und belebender Freuden.

SAMUEL TAYLOR COLERIDGE

Die Welt ist mit
so vielen Dingen gefüllt,
dass wir alle so glücklich
wie Könige sein sollten.

ROBERT LOUIS STEVENSON

In der Natur fühlen wir uns so wohl,
weil sie kein Urteil über uns hat.

FRIEDRICH NIETZSCHE

Tagträumen
ist nicht verlorene Zeit,
sondern Auftanken der Seele.

AUS ENGLAND

Seelenruhe,
Heiterkeit und Zufriedenheit
sind die Grundlagen allen Glücks,
aller Gesundheit
und des langen Lebens.

CHRISTOPH WILHELM VON HUFELAND

Man muss glücklich sein,
um glücklich zu machen.
Und man muss glücklich machen,
um glücklich zu bleiben.

MAURICE MAETERLINCK

Wie sich der ganze Wirrwarr
der Gefühle verliert und ordnet,
wenn man aus dem fremden Haus
heimkehrt in seine vier Wände!
*Nur zu House
ist der Mensch ganz.*

JEAN PAUL

Was der Sonnenschein
für die Blumen ist,
das sind lachende Gesichter
für die Menschen.

JOSEPH ADDISON

Jeder angenehme Augenblick
hat Wert für mich —
Glückseligkeit besteht nur in Augenblicken.
Ich wurde glücklich, da ich das lernte.

CAROLINE SCHELLING

Wenn du einen Menschen glücklich machen willst,

dann füge nichts
seinem Reichtum hinzu,
sondern nimm ihm einige
von seinen Wünschen.

EPIKUR VON SAMOS

Es ist ein ungeheures Glück,

wenn man fähig ist, sich freuen zu können.

GEORGE BERNARD SHAW

Stelle dir jeden Morgen
diese drei Fragen:

Was ist gut in meinem Leben?

Worüber kann ich glücklich sein?

Wofür kann ich dankbar sein?

HENRY DAVID THOREAU

Menschen zu finden,
die mit uns fühlen und empfinden,
ist wohl das schönste Glück auf Erden.

CARL SPITTELER

In uns selbst
liegen die Sterne
unseres Glücks.

HEINRICH HEINE

Ich war gestern in der größten *Harmonie*
über alle mir bekannten Dinge und
in der vollständigsten Seelenruhe; und fühlte,
dass das *Glück* ist; und fühlte dabei in
vollstimmigsten zugleich tönenden Akkorden
alles Leben meines *Herzens*.

RAHEL VARNHAGEN VON ENSE

Träume sind des
Lebens schönste Stunden.

JOHANN HEINRICH GOTTLOB VON JUSTI

Gehe deinen Weg ruhig,
mitten in Lärm und Hast, und wisse,
welchen Frieden die Stille schenken mag.

AUS IRLAND

Wer könnte mit Freiheit,
Büchern, Blumen
und dem Mond nicht glücklich sein?

OSCAR WILDE

Du hast in dir
den Himmel und die Erde.

HILDEGARD VON BINGEN

*Den Puls
des eigenen Herzens fühlen.*
Ruhe im Innern, Ruhe im Äußern.
Wieder Atem holen lernen,
das ist es.

CHRISTIAN MORGENSTERN

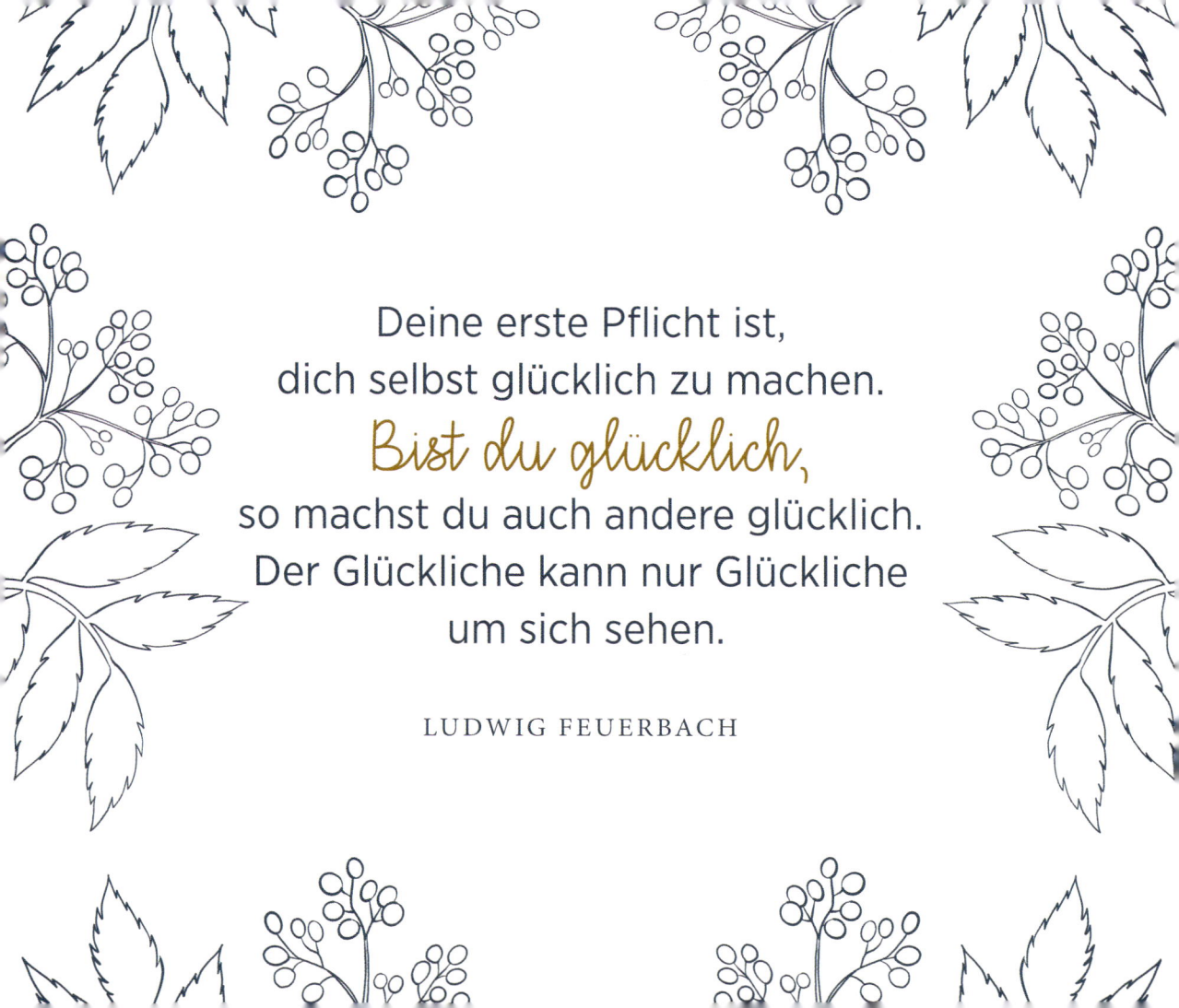

Deine erste Pflicht ist,
dich selbst glücklich zu machen.
Bist du glücklich,
so machst du auch andere glücklich.
Der Glückliche kann nur Glückliche
um sich sehen.

LUDWIG FEUERBACH

Ruhe aus;
ein Feld, das geruht hat,
trägt herrlich Ernte.

OVID

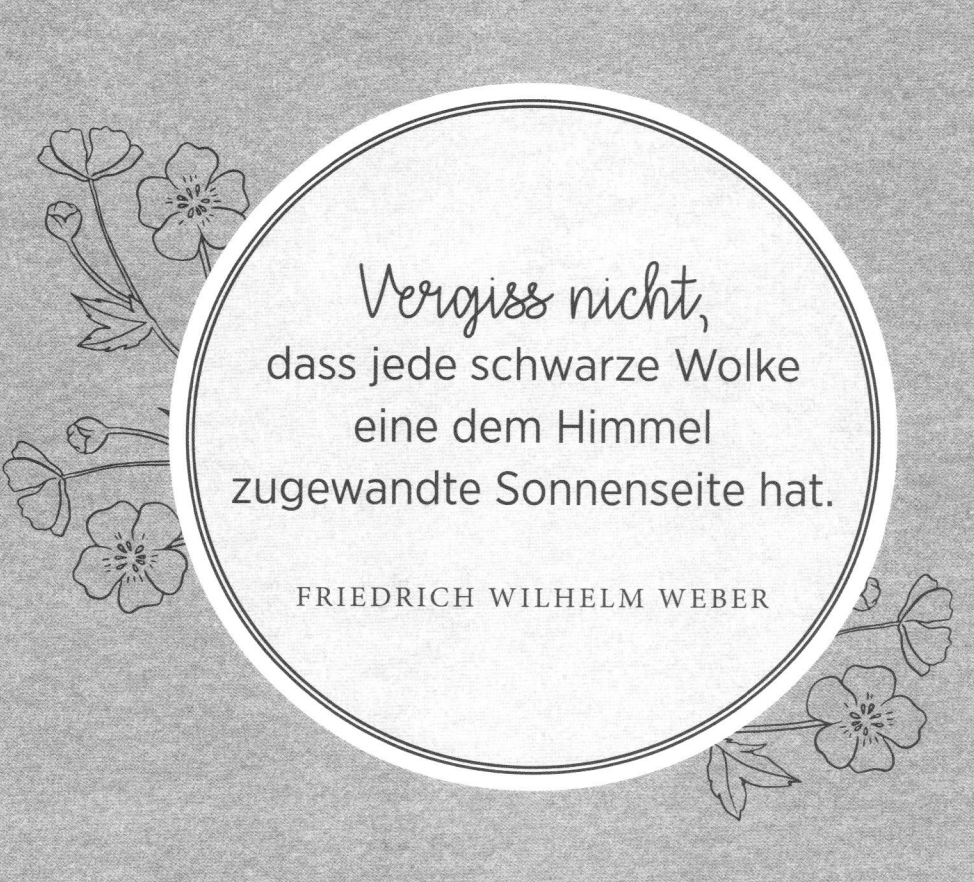

Vergiss nicht,
dass jede schwarze Wolke
eine dem Himmel
zugewandte Sonnenseite hat.

FRIEDRICH WILHELM WEBER

Grünkohl mit Würstchen

**4 Kohlwürste · 5 Lorbeerblätter · 1 große Zwiebel · 2 Knoblauchzehen
1 kg geschnittener Grünkohl · 20 g Gänseschmalz · 1½ EL Zucker
Salz · Pfeffer · 2 Msp. gemahlener Piment · 150 ml Gemüsebrühe**

Kohlwürste mit einer Gabel anpieksen.
Wasser mit zwei Lorbeerblättern in einem Topf zum Kochen bringen
und die Kohlwürste darin garen. Zwiebel schälen und fein würfeln.
Knoblauch schälen und mit dem Messerrücken zerdrücken.

Grünkohl waschen, abtropfen lassen und grob hacken.
Schmalz in einem großen Topf erhitzen, Zwiebel und Knoblauch zusammen
mit dem restlichen Lorbeer glasig andünsten.
Den Grünkohl zugeben, mit Zucker, Salz, Pfeffer und Piment würzen
und 30 Minuten bei mittlerer Hitze unter gelegentlichem Rühren köcheln lassen.
Brühe ggf. zugießen, damit der Grünkohl nicht zu trocken wird.
Mit Salz und Pfeffer abschmecken.
Zusammen mit den Kohlwürsten servieren.

Wie reich ist diese Erde
an kleinen, guten,
vollkommenen Dingen,
an Wohlgeratenem!

FRIEDRICH NIETZSCHE

Die beste Wärterin
der Natur ist Ruhe.

WILLIAM SHAKESPEARE

Wenn ich nur ein Stück über die Wiese gehe,
durch Schneepfützen, im Zwielicht
unter bewölktem Himmel,
ohne ein besonderes *Glücksgefühl*
mit hinauszunehmen, so bringe ich doch
eine vollkommene *Heiterkeit* mit nach Hause.

RALPH WALDO EMERSON

Aus der Geduld
geht der unschätzbare
Frieden hervor,
welcher das Glück
der Welt ist.

BALTASAR GRACIÁN

Zu *lieben* ist Segen,
geliebt zu werden *Glück.*

LEO TOLSTOI

*Nur die Ruhe ist die Quelle
jeder großen Kraft.*

FJODOR M. DOSTOJEWSKI

Das Geheimnis
des *Glücks* ist Freude
in unseren Händen.

RALPH WALDO EMERSON

Will das *Glück* nach seinem Sinn
dir was Gutes schenken,
sage Dank und nimm es hin
ohne viel Bedenken.

Jede *Gabe* sei begrüßt,
doch vor allen Dingen:
Das, worum du dich bemühst,
möge dir gelingen.

WILHELM BUSCH

So muss man leben!
Die kleinen Freuden aufpicken,
bis das große Glück kommt.
Und wenn es nicht kommt,
dann hat man wenigstens
die „kleinen Glücke" gehabt.

THEODOR FONTANE

Je weniger Dinge
man auf Erden wichtig nimmt,
desto näher kommt man
den wirklich wichtigen Dingen.

FEDERICO GARCÍA LORCA

Immer wenn ich
mitten im Alltag innehalte
und gewahr werde,
wie viel mir geschenkt ist,
werden die zahllosen
Selbstverständlichkeiten
zu einer Quelle des Glücks.

GUSTAVE FLAUBERT

Auch ein
einziger Genuss nur
reicht für die
Glückseligkeit.

ARISTIPPOS

Die tiefe Ruhe
ist die Bewegung
in sich selbst.

SOPHIE ALBERTI

Wenn es einen Glauben gibt,
der Berge versetzen kann, so ist es
der Glaube an die eigene Kraft.

MARIE VON EBNER-ESCHENBACH

Seine Freude in der Freude
des anderen finden können,
das ist das Geheimnis
des Glücks.

GEORGES BERNANOS

Die größten Wunder
gehen in der größten Stille vor sich.

WILHELM RAABE

Stille und Ruhe
bringen die ganze Welt
ins rechte Maß zurück.

Wir Menschen brauchen beides,
Geselligkeit und Einsamkeit,
um innerlich gesund zu bleiben.

WILHELM VON KÜGELGEN

Die Ruhe der Seele
ist ein herrliches Ding
und die Freude an sich selbst.

JOHANN WOLFGANG VON GOETHE

Um den vollen Wert
des Glücks zu erfahren,
brauchen wir jemand,
um es mit ihm zu teilen.

MARK TWAIN

Frieden
findet man nur
in den Wäldern.

MICHELANGELO BUONARROTI

Die *Musen,* so sagen die Dichter,
lieben die Wälder, die Wiesen und die Quellen,
weil man dort eine *Ruhe* genießt,
die den Städten fremd ist.

CLAUDE ADRIEN HELVETICUS

Wenn es dir gelingt,
die innere Ruhe zu erobern,
so hast du mehr getan als derjenige,
der Städte und ganze Reiche
erobert hat.

MICHEL EYQUEM DE MONTAIGNE

Kein Glück des Lebens
ist dem vergleichbar,
einen edlen und zuverlässigen
Freund zu besitzen.

JOSEPH ADDISON

Das Glück
liegt im Genuss,
nicht in
den Dingen.

FRANÇOIS DE LA ROCHEFOUCAULD

Jede Landschaft
hat ihre eigene besondere Seele,
wie ein Mensch,
dem du gegenüberlebst.

CHRISTIAN MORGENSTERN

Das *Glück* besteht nicht darin,
wie viel wir haben,
sondern wie viel wir *genießen*.

CHARLES SPURGEON

Aus der Stille
werden die wahrhaft
großen Dinge
geboren.

THOMAS CARLYLE

Durch die *Natur*
wird das *Herz* des Menschen
gemildert und gesänftigt.

ADALBERT STIFTER

Das äußere Glück
ist nur Zufall, –
aber das innere Glück,
das baut sich
ein jeder selbst.

JOHANN KASPAR LAVATER

Das Bewusstsein eines *erfüllten Lebens*
und die *Erinnerung* an viele gute Stunden
sind das größte *Glück* auf Erden.

MARCUS TULLIUS CICERO

Wer
niemals
träumt,
verschläft sein
schönstes Leben.

FRIEDRICH RÜCKERT

Die Kraft, zu lieben,
die Gesundheit, sich, das Leben,
Freundschaft und Geist zu genießen
und zu erwidern, ist der Zauber,
der alles bezwingt.

LUDWIG TIECK

Das Schönste an einer Freundschaft
ist nicht die ausgestreckte Hand,
das freundliche Lächeln oder
der menschliche Kontakt;
sondern das erhebende Gefühl,
jemanden zu haben, der an einen glaubt
und einem sein Vertrauen schenkt.

RALPH WALDO EMERSON

Die Ruhe

zieht das Leben an.

GOTTFRIED KELLER

Die größten Ereignisse
das sind nicht unsre lautesten,
sondern unsre stillsten Stunden.

FRIEDRICH NIETZSCHE

Nicht die Glücklichen
sind dankbar.
Es sind die Dankbaren,
die glücklich sind.

FRANCIS BACON

978-3-649- 64877-2
© 2025 Coppenrath Verlag GmbH & Co. KG,
Hafenweg 30, 48155 Münster, Germany
®Lizenz der Marke LANDLUST
durch Deutsche Medien-Manufaktur GmbH & Co. KG
Illustrationen: Nicole Tilinski und Kristina Labs
Grafische Gestaltung: Tina Defaux
Fotos: dpa Picture-Alliance GmbH
Redaktion: Antonia Pieper

Alle Rechte vorbehalten. Die Nutzung des Werkes für
das Text- und Data-Mining nach §44b UrhG ist
dem Verlag ausdrücklich vorbehalten und daher
verboten, ausgenommen sind gemeinfreie Textstellen.
www.coppenrath.de